AF325184

LES DEVOIRS DES GRANDS.

PAR MONSEIGNEUR LE PRINCE DE CONTY.

AVEC SON TESTAMENT.

Nouvelle Edition.

A PARIS,

Chez DENIS THIERRY, ruë saint Ja-
ques à l'enseigne de la Ville de Paris.

M. D. C. C. XVII.

Avec Privilege & Approbations.

AVIS AU LECTEUR.

COMME il n'y avoit presque personne, qui ne sçût que feu Monseigneur le Prince de Conty avoit composé ce Traité DES DEVOIRS DES GRANDS ; un si grand Nom avoit donné envie à tout le monde de le lire : Mais quelque loüable que fût cette curiosité, on ne sauroit desavoüer, que le zéle de celui qui l'a fait imprimer la prémiére fois, n'ait été indiscret. Il devoit considerer, que c'étoit manquer, non-seulement au respect, mais encore à la justice, qui étoit düë à la memoire de cét illustre Prince, & à ses augustes Héritiers, que de disposer,

sans leur permission, d'un bien si
prétieux, & qui leur apartenoit si
légitimement. Il n'avoit pas même
examiné, si la copie, qu'il avoit
donnée à l'imprimeur, étoit fidelle,
ni pris garde à des fautes très-gros-
siéres qui s'y étoient glißées.

Madame la Princeße de Conty,
qui n'est pas moins unie à ce grand
Prince après sa mort, par la charité qui ne meurt jamais, qu'elle l'a
été par l'amour conjugal pendant
sa vie, n'a pû souffrir, que cet Ouvrage parût défiguré & indigne du
nom de son Auteur. Elle n'a pas
voulu aussi, que le public fût privé
du fruit, que pouvoit produire une
lecture si sainte, de sorte qu'en même-tems qu'elle a ordonné ce sem-
ble la suppreßion de cet excellent
Ouvrage, elle l'a voulu faire revi-

vre, en faisant mettre entre les
mains de l'Imprimeur, l'original
qu'elle en avoit, afin qu'il pût être
publié dans toute sa pureté.

Monseigneur le Prince de Conty,
qui n'avoit écrit, que pour son instruction particuliére, & pour sa
propre perfection, ne s'étoit pas sou-
cié d'abord de traduire les passages
de l'Ecriture, & des Peres, dont il
s'étoit servi ; mais comme on en
a recouvré depuis un exemplaire
avec la traduction, on a crû, qu'il
seroit plus agréable, & plus utile, de
mettre ces passages en nôtre langue
& de les citer en latin à la marge.

On a trouvé aussi à propos d'ôter
un Eloge, qui avoit été mis à la fin
de ce Traité dans la prémiére édi-
tion. On en ignore l'Auteur, & l'on
doit, sans doute, loüer sa bonne in-

tention ; mais non pas ses expref-
fions ; car les baffes & honteufes fla-
teries dont il avoit rëpli ce difcours,
alloient même jufques à l'impieté,
fi l'on en eût expliqué les termes à
la lettre, & felon leur fens naturel.

Toute la France, toute l'Europe,
& prefque toute la Chrétienté, ont
non-feulement connu, mais admiré
le merite de ce grand Prince, qui
avoit ajoûté aux avantages de fon
augufte Naiffance, à fa valeur, à
la grandeur, à la beauté, & à la
jufteffe de fon Efprit une très-gran-
de pieté, & toutes les vertus d'un
Prince vraiment Chrétien, qu'il
pratiquoit avec une fidélité incroyable. De forte que le Lecteur
ne verra dans cet écrit que les régles faintes, fur lefquelles il avoit
formé fa conduite.

APPROBATION

De Monseigneur l'Evêque de Comenge.

LA veneration que tous les gens de vertu ont euë pour feu Monseigneur le Prince de Conty pendant sa vie, & qu'ils conservent encore après sa mort, doit servir d'une approbation générale à ce Livre intitulé, *Les Devoirs des Grands*, puis qu'il ne contient que les Régles, que ce grand Prince s'étoit prescrites pour sa conduite, & qu'il a pratiquées avec une fidélité presqu'incroyable. Nous souhaitons de tout nôtre cœur, qu'il plaise à Dieu, d'inspirer à tous les Grands, la pureté de cette Morale, & d'en graver l'amour dans leurs cœurs, puis qu'ils sont les causes universelles, qui influent le bien dans leurs inferieurs, qui d'ordinaire s'étudient à être tels que ceux dont ils dépendent.

GILBERT
Evêque de Comenge.

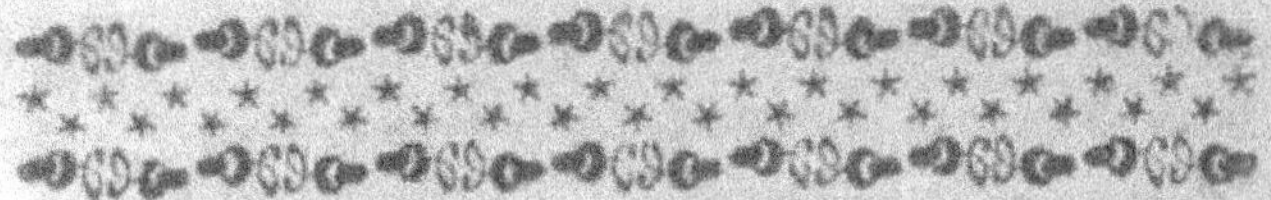

APPROBATION

Des Docteurs.

LA Providence Divine, qui met les hommes dans l'élevation, permet ordinairement, qu'ils manquent, au milieu de leur abondance, de conseillers fidéles, dont ils puissent apprendre, sans déguisement, leurs obligations. On n'en vid jamais un plus puissant, ni qui flatât moins, que l'Auteur illustre du Livre intitulé, *Les Devoirs des Grands*. Il est difficile de rencontrer ensemble de plus grandes qualitez, que celles, qui ont éclaté en sa personne; & c'est assez pour être convaincu du merite de cet Ouvrage, de sçavoir, que Monseigneur le Prince de Conty l'a composé. La grace de JESUS-CHRIST avoit joint à son auguste Naissance une très-solide pieté, & cette pieté étoit véritablement selon la science, puis qu'elle étoit éclairée des lumieres divines, qu'il avoit puisées dans les sources de l'Ecriture-

sainte, des Conciles, & des saints Peres de l'Eglise. L'exemple de sa vie, &
le souvenir de ses vertus, doivent porter non-seulement tous les Grands du
monde, mais encore ceux qui sont au-
dessous de leur condition, à suivre les
mêmes maximes, que ce Prince s'étoit
prescrites, pour sa conduite. Ainsi nôtre sentiment est, que ce Traité n'est
pas seulement conforme aux Régles de
la Réligion Catholique, Apostolique,
& Romaine; mais que la lecture en
fera d'autant plus utile, qu'elle enseigne une Morale très-pure, & très-sainte, qui servira à l'instruction de toute
sorte de personnes. Fait en Sorbonne
le premier de Septembre 1666.

DE BREDA. BOILEAU.
RIBEYRAN. MALET DE
GRAVILLE DRUBEC.

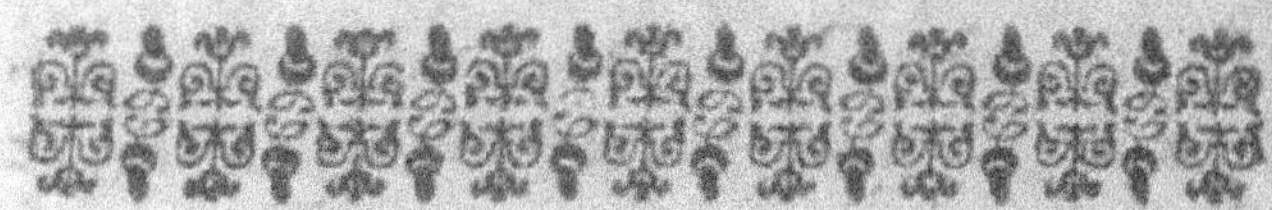

APPROBATION

*De Monsieur le Tellier Docteur en Theolo-
gie de la Maison de Sorbonne, Abbé
de saint Benigne de Dijon, & grand
Maître de la Chapelle du Roi, &c.*

JE soûsigné Docteur en Theologie de
la Faculté de Paris, de la Maison &
Societé de Sorbonne, certifie avoir lû
& examiné le Livre intitulé, *Les Devoirs des Grands*, composé par feu Monseigneur le Prince de Conty. La haute
naissance, & le merite extraordinaire
de ce grand Prince, mettent cet Ouvrage au-dessus de tous les éloges que
je lui pourrois donner, il est très-con-
forme aux Régles de la Religion Catholique, Apostolique, & Romaine, &
il peut servir à l'instruction des Fidéles
de toutes sortes de conditions : en foi
de quoi j'ai signé la présente approbation. A Paris ce 3. jour de Septembre
1666.

LE TELLIER.

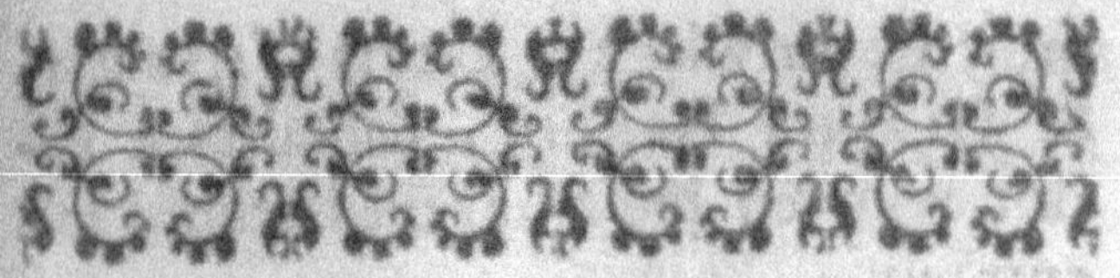

EXTRAIT DU PRIVILEGE
DU ROI.

Par Grace et Privilege du Roi, du 19. Septembre 1666. Il est permis au Sieur de Vigan, Gouverneur des Pages de feu Monseigneur le Prince de Conty, de faire imprimer, vendre, & debiter, par tel Libraire & Imprimeur qu'il voudra choisir, le Livre intitulé, *Les Devoirs des Grands*, par Monseigneur le Prince de CONTY, avec le *Testament* de mondit Seigneur, trouvé après son decez, & ce pendant le tems & espace de dix années ; & défenses sont faites à toutes autres personnes, que celles, à qui il aura cedé ledit Privilege, d'en vendre, distribuer, apporter, ou faire apporter de contrefaits, des pays étrangers, sous les peines portées par ledit Privilege.

Ledit Sieur de Vigan a cedé son

droit de Privilège à Denis Thierry,
& Claude Barbin, Libraires à Paris, pour en joüir suivant l'accord fait entr'eux.

Regiſtré ſur le Livre de la Communauté des Marchands Libraires de Paris, ſuivant l'Arêt du Parlement du huitiéme Avril mil ſix cens ſoixante-trois. Fait à Paris le vingtiéme Septembre mil ſix cens ſoixante-ſix.

Signé

S. PIGET *Syndic.*

LES
DEVOIRS
DES
GRANDS.

I.

A Grandeur est une grace exte- rieure, que Dieu fait à quelques hommes, qu'il éleve au-des- fus des autres, pour les gou- verner.

Cette Grandeur n'est point donnée pour la personne qui en est revêtuë, mais elle est toute pour les autres, & ce n'est qu'un moyen dont Dieu se sert pour attirer les peuples au respect necessaire, afin que les Grands executent avec plus de facilité & d'authorité, les fonctions de leur Ministere, qui est, de gouverner ceux qui leur sont soûmis, avec pieté & justice; & Dieu leur demandera un compte severe de l'usage qu'ils en auront fait.

II.

Dans l'état d'innocence, s'il y eut eu de l'inégalité entre

les hommes, cette grandeur
eût été un moyen très-facile
pour acquerir la sainteté ; parce que l'homme ayant un Empire absolu sur lui-même, en
eût fait aisement un bon usage, en l'employant unique-
ment, à la fin pour laquelle
elle lui étoit donnée, comme
il eût employé la santé, les ri-
chesses, la beauté, & les autres
avantages naturels.

III.

Mais depuis le peché du premier homme, quoique cette
grandeur ne soit pas devenuë
mauvaise, elle est devenuë toutefois un piége presque inévi-
table, parce qu'elle porte à l'or-

gueil, contre lequel Jesus-Christ est principalement venu combattre.

IV.

Un veritable Chrétien doit s'affliger sincerement, & s'humilier profondement, de se voir dans la grandeur, & dans les dignitez, parce que la grace de Jesus - Christ réparateur, cherche, pour l'ordinaire, les personnes les plus viles, & les plus méprisables, selon le monde, & qu'il faut craindre qu'on ne soit Prince & Grand, par les arrêts feveres de sa Justice, * *Vous voyez mes freres* (dit saint Paul) *que de*

tous

* Videte (*Videtis*) vocationem vestram

tous ceux d'entre vous, que Dieu
a appellez à la Foy, il y en a peu
de Puissans, & peu de Nobles.
Mais Dieu a choisi les foibles,
selon le monde, pour confondre
les Puissans; & pour détruire,
par ce qui n'étoit rien, ce qui
étoit de plus grand; afin que nul
homme n'ait aucun sujet de se
glorifier devant lui.

V.

Les obstacles à la pratique
de l'Evangile, qui suivent la
grandeur, sont presque infinis.

B

fratres, quia non multi potentes, non multi
nobiles, sed infirma mundi elegit Deus ut
confundat fortia, & ea quæ non sunt ut ea
quæ sunt destrueret : ut non glorietur omnis caro in conspectu ejus, 1. Cor. v. 26. &
seqq.

Mais il y en a quatre principaux.

L'Evangile ne recomman-
de rien tant que l'humilité ;
cet état porte à l'orgueil.

L'Evangile ne prêche que
la pénitence ; cet état est rempli de mollesse, de delicatesse,
& de luxe.

L'Evangile ne nous mon-
tre rien de si necessaire, que
l'amour du prochain, la com-
passion à ses peines, & l'application à son soulagement ;
cet état ne donne ordinairement pour le prochain que du
mépris, de l'indifference, &
de l'insensibilité.

L'Evangile & toute l'Ecriture, nous repreſente l'homme pêcheur, condamné à la peine & au travail ; cet état ne perſuade à l'homme que les délices, l'oiſiveté, & la pareſſe.

VI.

Il faut donc qu'un Grand, ſe voyant environné de tant d'obſtacles à ſon ſalut, au lieu qu'on lui perſuade, qu'il eſt plus heureux que tous les autres, croye fermement, qu'il eſt plus miſerable ; qu'il conjure la miſericorde de Dieu, de lui donner part à cette grace, qui purge le venin des grandeurs, & qui eſt capable, de vaincre toute leur malignité.

Qu'il reconnoisse la rareté de cette grace, voyant qu'il y a une infinité de Saints, & que néanmoins il y a si peu de Grands & de Princes qui soient du nombre.

Qu'il aime toute sa vie, ceux qui lui diront les veritez, dont nous venons de parler, & qu'il craigne & fuye, comme la mort, ceux qui fortifieront ses défauts, par des flatteries.

Qu'il fasse servir sa grandeur, à faire honorer la grandeur de Dieu par tout. Premierement, en lui-même; Secondement, dans sa famille; Troisiémement, dans ses ter-

res ; & enfin dans ſes Gouver-
nemens ; & quelque pieux
qu'il ſoit d'ailleurs, qu'il ſoit
certain, que s'il obmet quel-
qu'un de ces Devoirs, il man-
que à ſa vocation.

Il ne ſuffit donc pas, pour
ſon ſalut qu'il faſſe les choſes
communes & ordonnées aux
perſonnes particulieres, & il
eſt très-poſſible, qu'ayant été
un très-bon & très-devot particulier, il ſoit damné pour
n'être pas entré dans la pratique des obligations de ſa naiſ-
ſance, de ſes charges, & de
ſes emplois; de ſorte que ſa
condition n'eſt pas ſeulement
difficile pour le ſalut, par les

obstacles qu'elle traîne avec elle ; mais aussi par la multitude des obligations dont il doit s'acquitter , & par la nature des choses qu'il doit entreprendre , qui sont presque toutes fortes & grandes ; comme de s'opposer par tout aux injustices , aux oppressions, & aux violences. De là vient qu'un particulier peut se sauver avec une vertu commune , & qu'un Grand ne le peut qu'avec une vertu heroïque.

VII.

L'Ecriture marque cette difference dans la condamnation qu'elle porte contre les Grands, qui ne se sont pas servis de leur grandeur, pour proteger la justice. *Ecoutez donc, Rois de la terre, apprenez, Juges du Monde, tenez vos oreilles attentives à ma Voix, vous autres qui vous assujettissez les Nations, & qui vous plaisez dans la foule des peuples ; Sachez que le pouvoir que vous avez, vous a été donné de Dieu, & que le Très-haut qui vous a mis cette authorité en main, exami-nera toutes vos actions, péné-*

B 4

* Audite ergo Reges & intelligite : Discite judices finium terræ : Præbete aures, vos qui continetis multitudines, & placetis vobis in turbis nationum : quoniam data est à Domino potestas vobis, & virtus ab Altissimo, qui interrogabit opera vestra, & cogitationes scrutabitur ; quoniam cum essetis

trera toutes vos penſées : parce
que vous ayant établis les Mini-
ſtres de ce Royaume, vous n'a-
vez point jugé ſelon l'équité,
& n'avez point gardé les régles
de la Juſtice, & vous ne vous
êtes pas conduits ſelon la volonté de Dieu. Il ſe montrera à
vous dans peu de tems, & d'u-
ne maniere terrible ; parce que
ceux qui commandent ſeront ju-
gez rigoureuſement : car la miſericorde de Dieu eſt pour les
foibles ; mais les Grands ſouffri-

miniſtri Regni illius, non rectè judicaſtis,
nec cuſtodiſtis legem Juſtitiæ, neque ſecun-
dùm voluntatem Dei ambulaſtis. Horrendè &
citò apparebit vobis, quoniam judicium du-
riſſimum iis qui præſunt, fiet. Exiguo enim
conceditur miſericordia : potentes autem po-
tenter tormenta patientur. Non enim ſubtra-

ront de grands supplices. Dieu n'aura aucun égard à la qualité des personnes, & il ne craindra point la grandeur de qui que ce soit ; parce qu'il a fait les petits & les grands, & que sa Providence s'étend également sur les uns, & sur les autres ; mais les plus forts, seront ceux, qui endureront de plus grands tourmens.

VIII.

Toutes les vertus sont donc necessaires à un Grand, pour se sauver ; & il est même necessaire, qu'il les ait dans un

het personam cujusquam Deus, nec verebitur magnitudinem cujusquam : Quoniam pusillum & magnum ipse fecit, & æqualiter cura est illi de omnibus. Fortioribus autem fortior instat cruciatio.

haut degré ; mais principalement, il les doit avoir par rap-
port à son état * ; c'est-à-dire,
pour les oppofer aux déregle-
mens, que fon état pourroit
porter dans fon entendement,
& dans fa volonté.

IX.

Prémiérement, il doit avoir
une grande foi, pour croire
fermement, que les grandeurs,
qu'il ne voit point, font pré-
ferables à celles qu'il voit ; que
ce qui paroît grand aux yeux
des hommes, eft fouvent une
abomination devant Dieu : que
l'on doit être dans une fincere préparation de cœur, d'a-
bandonner les biens de la vie

* Sap. cap. 6. v. 2. & feq.

présente, lorsque les occasions
s'en offriront, pour ne pas hazarder ceux de la vie future :
qu'il ne sert de rien à l'homme d'être maître de tout le
monde s'il perd son ame ; &
ainsi de toutes les autres maximes de l'Evangile : desquelles,
s'il n'est convaincu d'une maniere qui soit efficace, & qui
le fasse agir conformement à
sa persuasion, établie sur ces
principes invariables ; il pourra bien faire quelques bonnes
œuvres, ou par quelque ferveur de devotion sensible, ou
par quelque tendresse de conscience ; au moins, lorsque
ces bonnes œuvres ne seront

point contraires à ſes inclina-
tions naturelles ; Mais lors
qu'il ſera queſtion de ſurmon-
ter ſa nature en quelque choſe de difficile , d'obéïr à la
Loi de Dieu au préjudice de
quelque grand interêt, de préferer ſa conſcience à ſon cré-
dit , à ſa réputation , à ſes
amis , à la Cour , à ſes parens
les plus proches , il ſera trop
foible, pour cela , quelque devotion ſenſible qu'il ait, parce
qu'il n'y a que les principes
invariables de la Foi & de l'E-
vangile, quand ils ſont profondement gravez dans le cœur de
l'homme , qui puiſſent opé-
rer en lui une conduite Chré-

tienne, pour se vaincre soi-
même & le monde, si toutefois il est du nombre de ceux,
* *Qui demeurent fondez & af-
fermis dans la foi, & inébran-
lables dans l'esperance que leur
donne l'Evangile.*

*Cette victoire, par laquelle le
monde est vaincu, est l'effet de
nostre Foi.*

Quelques-uns des Princes
de la Synagogue † crurent en
JESUS-CHRIST : mais ils n'o-
serent le confesser publiquement, parce qu'ils n'avoient
pas la fermeté de cette Foi,

* In Fide fundati, stabiles & immobiles à
spe Evangelii. *Col.* 1. *vers.* 23.
Hæc est victoria quæ vincit mundum.

† Fides nostra. 1. *S. Joan.* 5. *vers.* 4.

selon ces paroles de l'Evangile. * *Quelques-uns néanmoins,
des Principaux même, crûrent
en lui : mais à cause des Pharisiens, ils n'oserent pas le reconnoître publiquement, pour n'être
point chassez de la Synagogue ;
car ils ont plus aimé la gloire
des hommes, que la gloire de
Dieu.*

X.

Il doit avoir une grande esperance, pour se soûtenir au
milieu de toutes les difficultez,
presqu'insurmontables de son

---

* Verumtamen & ex Principibus multi cre-
diderunt in eum : sed propter Pharisæos non
confitebantur, ut è Synagoga non ejiceren-
tur : dilexerunt enim magis gloriam homi-
num, quàm gloriam Dei, *S. Joan.* 12. *v.* 42
& 43.

état : sachant que rien n'est
impossible à Dieu, qu'il est
fidéle, & qu'il ne l'a exposé
à des combats si grands & si
rudes, que pour lui donner
la victoire; & non pour le
laisser accabler sous la puissance des ennemis qui l'environ-
nent : selon cette parole du
Sage ; * *Dieu l'engagea dans
un rude combat, afin de le rendre victorieux.* Il ne doit point
murmurer, comme les Israë-
lites firent dans le desert, di-
sant que Dieu les y avoit conduits pour les faire mourir;
mais attendre dans ses plus

* Certamen forte dedit illi ut vinceret.
Sap. 10. v. 12.

grands besoins la celeste Man-
ne de la Grace, qui lui fera
vouloir, & faire ; qui le fera
commencer & finir ; qui le
fera combattre, & vaincre.

XI.

Mais sur tout, sa charité
doit être ardente, & toutes ses
pensées, toutes ses actions,
toutes ses paroles, tous ses mouvemens, ne doivent tendre,
qu'à l'accomplissement de ce
grand & divin commande-
ment, d'aimer Dieu sur toutes choses ; ce qui ne se peut
faire, qu'en travaillant conti-
nuellement, par des Sacrifices
interieurs, à l'entiere destruction de tous les amours du
mon-

monde, & de toutes les choses qui sont dans le monde, &
prévenant tous les jours dans
son cœur cette destruction generale que Dieu en fera à la fin
des siécles.

Il ne doit tenir qu'à Dieu
seul, & être toûjours prêt
dés qu'il s'agit de l'observation de ses Commandemens,
à lui sacrifier les choses, qui
lui sont les plus cheres, comme sa fortune, ses biens, ses
établissemens, sa famille,
son honneur, & sa vie mê-
me; écoutant le Seigneur, &
lui obéïssant, quand il lui
dit, comme à Abraham :

† *Prens ton fils unique Isaac, qui est l'objet de ton affection.*

Son amour pour Dieu, ne doit pas seulement consumer les choses grandes : mais même les plus petites ; c'est le propre du feu, de tout consumer ; * *Car nôtre Dieu* (qui est la charité essentielle) *est un feu devorant.*

Un Grand ne peut avoir un amour pour Dieu, proportionné à ce que demande son état, & sa vocation, si cet amour n'égale presque celui des Martirs ; parce que ses oc-

---

† Tolle filium tuum unigenitum quem diligis Isaac. *Genes.* 22. *v.* 2.

* Etenim Deus noster ignis consumens est. *Hebr.* 12, *v.* 29.

cupations ordinaires, ses affaires, & ses emplois, lui four-
nissent tous les jours des occasions de se trouver entre ses
plus grands interêts, & l'observation de la Loi de Dieu :
& qu'il est vrai, qu'il ne peut
se sauver en ces rencontres,
qu'en donnant, pour ainsi dire, avec profusion à Dieu ce
qu'il a de plus cher ; & qu'on
lui peut appliquer ces paroles,
que l'Eglise chante à la Messe
du grand saint Laurent ; * *Sa
sainteté, & sa magnificence, re-
luisent dans les actions, qui le
sanctifient.*

C 2

* Sanctitas & magnificentia in sanctifica-
tione ejus. *Pf.* 95. *v.* 6.

XII.

Son amour pour le pro-
chain, ne doit pas être moindre ; il doit être aussi grand
que sa foi ; il doit être Catholique aussi-bien qu'elle ; & il
n'est pas véritablement Chrétien, si l'un n'est aussi uni-
versel que l'autre. La Foi doit
embrasser tous les dogmes, sans
en excepter un seul : & l'a-
mour du prochain, doit embrasser toutes les personnes,
sans en excepter une seule :
l'heresie n'étant pas plus op-
posée à l'Eglise, en attaquant
la verité, que le schisme, la
division, & la haine, en attaquant son unité.

Un Grand doit se croire encore plus obligé à cet amour, qu'un autre Chrétien, puisque par sa vocation, il est principalement l'homme du prochain, n'étant fait que pour lui, pour le soulager dans ses besoins, le consoler dans ses afflictions, le corriger dans ses manquemens, lui rendre justice, le tirer de l'oppression, le garantir & le vanger de la violence.

Si la Grandeur n'étoit pas toute pour le prochain, & que celui qui la possede pût la garder, comme une chose qui lui appartient, elle seroit le plus grand de tous les maux, puifqu'elle n'auroit plus d'autre ufage, ni d'autre emploi, que d'être la pâture de l'orgueil, & de l'amour propre.

Un Grand doit donc être pleinement perfuadé, qu'il renverfe l'ordre, que Dieu a établi dans le monde, & fur tout dans le monde Chrétien, quand il croit que fes inferieurs foient faits pour lui, au fens, duquel nous parlons préfentement; en forte qu'il puiffe difpofer d'eux comme il lui plaît, & fans un fujet raifonnable, qui ait un veritable raport à l'avantage de ces mêmes inferieurs; mais c'eft plûtôt lui qui leur appartient, &

qui doit être tout à tous. JE-
SUS-CHRIST marque cette verité, & montre ce renversement dans l'exemple des Gen-
tils, & le veritable ordre de
ces choses, dans son propre
exemple : c'est au chapitre 22.
de saint Luc, en ces termes.
† *Les Rois des Nations du Mon-*
de les dominent, & on donne le
nom de bienfaiteurs à ceux qui
les gouvernent souverainement.
Qu'il n'en soit pas de même par-
mi vous ; mais que celui, qui est
le plus grand, devienne comme

C 4

† Reges gentium dominantur eorum, &
qui potestatem habent super eos, benefici
vocantur. Vos autem non sic, sed qui major est in vobis, fiat sicut minor, & qui præ-
cessor est sicut ministrator, Nam quis major

le moindre , & celui qui gouver-
ne , comme celui qui sert. Car qui
est le plus grand de celui qui est
à table , ou de celui qui sert ?
N'est-ce pas celui qui est à table ? Et néanmoins je suis au
milieu de vous , comme celui qui
sert.

Il doit sçavoir , que tout son
superflu , est le patrimoine de
son prochain, lorsqu'il est dans
l'indigence ; & qu'il lui doit
même de son necessaire , lorsque son indigence est extrême :
Que ce necessaire ne doit pas
être mesuré par la cupidité ,

---

est qui recumbit an qui ministrat ? Nonne
qui recumbit ? Ego autem in medio vestrum
sum sicut qui ministrat. *Luc.* 22. *vers.* 25.
& seqq.

ni par l'avarice, qui n'a point
de bornes, ni par l'exemple
de ses semblables, qui pour
l'ordinaire comptent leurs plaisirs, & le luxe de leur table,
de leurs meubles, de leur équi-
page, & de leurs bâtimens,
au nombre des choses les plus
necessaires; mais par la raison,
guidée par une modestie vraie-
ment Chrétienne, qui sçait
trouver ce juste temperament,
qui bien loin de le ravaller au-
dessous de sa condition, le
rend beaucoup plus digne de
vénération & de respect, &
lui donne le moyen de soulager son prochain, comme il
y est obligé.

XIII.

Il a besoin d'une grande prudence, pour se conduire dans les conjonctures difficiles; mais il doit éviter cette prudence de la chair, qui est ennemie de Dieu, considerant que les hommes sont des aveugles, que leurs desseins les mieux concertez, en apparence, manquent pour l'ordinaire, nonobstant toute leur application, par les endroits les moins prévûs, ou même par les moyens qu'ils avoient choisis pour les faire réüssir : & qu'enfin Dieu s'est toûjours plû à confondre la sagesse du siécle, & à renverser les projets que font

les plus grands Politiques , ou
pour leur propre conſervation,
ou pour l'établiſſement de leurs
ſucceſſeurs , ou même pour
les plus grandes conquêtes.

Sa prudence doit être re-
glée par des maximes plus
certaines , il doit croire les regles de l'Evangile , & de l'Egli-
ſe plus ſeures que toute la politique des hommes ; & lors
qu'il ſuit ces regles , il doit
marcher dans l'eſperance contre l'eſperance ; il n'en doit
jamais plus avoir , que lorſque
les moyens humains lui manquent , & lorſque tout lui paroît deſeſperé ; puiſqu'il pré-
fere dans ſa conduite les regles

que Dieu lui a preſcrites à celles que le monde lui propoſe ;
il doit attendre les effets de
ces promeſſes divines, lors même qu'il voit les cauſes ſecon-
des le moins diſpoſées à les
produire ; ſachant que Sara ,
toute ſterile qu'elle étoit , ne
laiſſa pas de concevoir Iſaac ;
qu'Abraham ne douta point ,
que l'obéïſſance , par laquelle
il vouloit immoler ſon fils ,
ne fût le moyen le plus propre
& le plus certain pour le rendre pere des Nations ; & que
Dieu s'eſt principalement ſer-
vi du Martyre & de la Mort ,
qui eſt la choſe la plus contraire à la multiplication, pour

multiplier les Chrétiens ; &
qu'enfin la mort même de
JESUS-CHRIST, souverain Le-
giſlateur de la Loi de Grace,
qui dans l'intention des Juifs
devoit abolir, & éteindre l'E-
gliſe Chrétienne, a établi ſa
durée juſqu'à la fin du monde, ſans que les portes de l'En-
fer puiſſent jamais prévaloir
contre elle.

Il a toutefois beſoin de ne
ſuivre pas toûjours les ardeurs
de ſon zéle, qui doit être re-
glé par la diſcretion ; autrement ce ſeroit tenter Dieu,
& non pas ſuivre les regles de
la prudence de l'Evangile, que
de s'abandonner à tout mo-

ment à ses ardeurs, sans con-
sideration, & sans mesure.
Mais il doit sçavoir, que les
vertus Chrétiennes, bien loin
de se détruire les unes les autres, s'entr'aident & s'accor-
dent merveilleusement ; que la
Morale de l'Ecriture sainte donne des regles certaines, pour
toutes les differentes occasions
de la vie ; que l'application
de ces regles se voit par tout
dans l'Histoire de la même
Ecriture, mais plus particulierement, & d'une maniere toute divine dans la Vie de Nô-
tre-Seigneur JESUS-CHRIST,
qui par zele chasse du Tem-
ple les Vendeurs, lors qu'il

connoît, que ce zele, dont il est rempli, est utile à la gloire de son Pere; qui supprime quelquefois avec discretion les veritez, que ceux à qui il parle, ne sont pas encore capables de porter; & qui demeure en d'autres occasions avec humilité tout-à-fait dans le silence devant ceux qui le doivent juger, & dont la dureté est trop grande, pour profiter de ses paroles : de sorte que dans ces occasions, il peut se dire à lui-même : † *Jettez les yeux sur* JESUS - CHRIST, *qui est l'Auteur, & le consommateur de vôtre Foi.*

† Aspice in Autorem Fidei & consummatorem JESUM. *Heb.* 12. *v.* 2.

Il ne doit jamais rien faire avec précipitation , quelque grande apparence de bonté qu'ait la chose qu'on lui pro- pose ; mais il y doit penser meurement devant Dieu , le prier beaucoup pour attirer sa lumiere , & enfin prendre con- seil : mais sur tout il doit être très-circonspect au choix de ceux desquels il veut prendre avis : il les doit prémiérement beaucoup demander à Dieu ; ensuite il doit considerer leurs talens, leur sens , & leur expé- rience , & sur tout la droiture de leurs intentions , leur desin- teressement , & leurs maximes; regardant comme des aveu- gles,

gles, qui conduisent d'autres aveugles : ces personnes, qui au lieu d'élever l'homme à la pureté de l'Evangile, veulent accommoder l'Evangile à la corruption de l'homme, par des interpretations fausses & accommodantes : il doit les éviter avec soin, & reconnoître que ce seroit un jugement de Dieu sur lui, qui le devroit faire trembler, s'il permettoit, pour le punir de ses pechez, qu'il ne s'adressât pas à ceux qui font profession de regler les mœurs des hommes selon les maximes étroites de JESUS-CHRIST, & selon l'esprit invariable de son Eglise ; mais

D

que ne pouvant porter la sainte rigueur de la saine doctrine, il choisit de ces nouveaux
Docteurs, qui donnent aux
ames une fausse paix, avec
tant de facilité, sur des raisons
ridicules qu'ils trouvent, ou
dans leurs Esprits, ou dans des
Auteurs modernes, aussi cor-
rompus qu'eux, qui n'ont tra-
vaillé, que pour énerver tous
les principes Evangeliques par
le desordre de leur morale,
fondée, non sur la verité, qui
est certaine, mais sur des pro-
babilitez, qui ne sont pas même probables.

Qu'ils craignent d'être du
nombre de ceux desquels Saint

Paul parle, lors qu'il dit. † *Qu'il viendra un temps que les hommes ne pourront plus souffrir la saine doctrine, & qu'ayant comme une demangeaison dans les oreilles, ils auront recours à un tas de Docteurs propres à satisfaire leurs desirs.*

Saint Bernard décrit excellemment, quelles sont les personnes, qu'un Grand doit appeller auprès de lui, pour leur donner sa confiance. * *Ne choisissez pas (dit-il) ceux qui veulent & qui courrent ; mais ceux*

D 2

† Erit enim tempus cùm sanam doctrinam non sustinebunt, sed ad sua desideria coacervabunt sibi magistros prurientes auribus. 2. Tim. 4. v. 3.

* Itaque non volentes neque currentes assumito, sed cunctantes & renuentes. Etiam

qui reculent & qui refusent. Forcez ces derniers, & contraignez-les d'entrer. Que vôtre esprit se repose sur de telles personnes, qui ne sont point éfrontez, mais qui sont modestes & retenus; ne craignent que Dieu seul, & n'esperent rien que de lui : Qui ne considerent point les presens de ceux qui les abordent, mais seulement leurs besoins : Qui prennent genereusement la défence des affligez : Qui ne jugent en fa-

coge illos & compelle intrare. In talibus, ut opinor, requiescit spiritus tuus, qui non sint attritæ frontis, sed verecundi, sed timorati; qui præter Dominum timeant nihil, nihil sperent nisi à Deo; qui adventantium non manus attendant, sed necessitates; qui stent viriliter pro afflictis, & judicent in æquitate pro mansuetis terræ; qui sint compositi ad mores, probati ad sanctimoniam, parati ad obe-

veur des gens de bien, que conformement à l'équité : Qui sont
reglez dans leurs mœurs, éprou-
vez dans la sainteté, toûjours
prêts à obeïr : Qui sont doux
& patiens, soûmis à la disci-
pline, severes dans les correc-
tions, orthodoxes dans leur ministere, enclins à la paix, &
portez à entretenir l'union & la
charité avec tout le monde : Qui
sont équitables dans leurs juge-
mens, prudens dans leurs avis,
sages dans leurs commandemens,

D 3

dientiam, mansueti ad patientiam, subjecti ad
disciplinam, rigidi ad censuram, Catholici ad
fidem, fideles ad dispensationem, concordes
ad pacem, conformes ad unitatem : Qui sint
in judicio recti, in consilio providi, in ju-
bendo discreti, in disponendo industrii, in
agendo strenui, in loquendo modesti, in ad-

habiles dans leur conduite : *Qui
font courageux dans leurs actions,
retenus dans leurs paroles, tran-
quiles dans les difgraces, hum-
bles dans la profperité : Qui fa-
vent moderer leur zéle ; qui ne
fe relachent point pour faire mi-
fericorde ; qui ne font point fai-
neans dans l'oifiveté : Qui exer-
cent l'hofpitalité, fans tomber
dans l'intemperance ; qui font fo-
bres dans les feftins ; qui ne font
point embaraffez de l'adminiftra-
tion de leurs affaires domeftiques :*

verfitate fecuri, in profperitate devoti, in
zelo fobrii, in mifericordia non remiffi, in
otio non otiofi, in hofpitio non diffoluti, in
convivio non effufi, in cura rei familiaris
non anxii, alienæ rei non cupidi, fuæ non
prodigi, ubique & in omnibus circumfpec-
ti...., Qui Regibus Joannem exhibeant, Æ-

Qui ne desirent point le bien d'autrui ; qui ne prodiguent point le leur, & qui sont circonspects & avisez en toutes choses. &c. Qui tiennent lieu d'un Jean-Baptiste aux Rois & aux Princes, d'un Moyse aux Egyptiens, d'un Phinées aux Fornicateurs, d'un Elie aux Idolatres, d'un Elizée aux avares, d'un Pierre aux menteurs, d'un Paul aux blasphemateurs, d'un Christ aux vendeurs : Qui ne méprisent pas le peuple, mais l'instruisent ; qui

D 4

gyptiis Moysen, fornicantibus Phinées, Eliam idololatris, Elisæum avaris, Petrum mentien-tibus, Paulum blasphemantibus, negotianti-bus Christum : Qui vulgus non spernant, sed doceant, divites non palpent sed terreant, pauperes non gravent, sed foveant ; minas principum non paveant, sed contemnant ;

ne flattent pas les riches, mais
les effrayent ; qui ne foulent point
les pauvres, mais les assistent ;
qui ne craignent point les mena-
ces des Princes, mais les méprisent : qui n'entrent pas en trou-
ble dans les assemblées, & n'en
sortent pas en colere : Qui n'é-
puisent pas les bourses, mais qui
consolent les cœurs, & châtient
les crimes : Qui aiment la priere
& qui s'y appliquent ; & qui en
toutes sortes d'affaires ayent plus
de confiance en leurs oraisons qu'en
leur industrie & en leur travail.

qui non cum turba intrent, nec cum ira
exeant...... Qui marsupia non exhauriant,
sed corda reficiant & crimina corrigant : Qui
orandi studium gerant & usum habeant, ac
in omni re orationi plus fidant, quàm suæ
industriæ. *S. Bern. lib. 4. de consideratione.
cap. 4.*

Il ne doit point juger de la
bonté de ses entreprises, par
leur succès, mais seulement
par la fidelité qu'il aura appor-
tée à l'observation de ces saintes Regles ; sçachant, que les
évenemens sont en la main de
Dieu, qu'il ne tombe pas un
cheveu de nos têtes que par
son ordre, & que le but d'un
Chrêtien, ne devant être, que
de faire la volonté de Dieu,
quelque disgrace temporelle,
& quelque renversement ap-
parent de ses desseins, qui
lui arrive, il est parvenu toûjours à sa veritable fin, par
les moyens que Dieu même
lui a enseignez, & qu'ain-

si, il est veritablement prudent.

XIV.

La Justice est une volonté
perpetuelle & constante, de rendre à chacun ce qui lui appartient. On voit aisément que
ce doit être la principale vertu d'un Grand, & il n'est pas
necessaire de le prouver : mais
il est très-necessaire de voir
qu'elle est la pratique de cette vertu, & quels sont les obstacles qu'il faut vaincre, ou
qu'il faut éviter. Les principaux sont l'ignorance, la préoccupation, la paresse, & l'interêt. Voilà les ennemis qu'un
Grand doit combattre, pour se

mettre en état de pouvoir faire, que la volonté, qu'il a de
rendre à chacun ce qui lui
appartient, soit perpetuelle &
constante, sans quoi le nom
de justice ne lui peut jamais
convenir. Or pour rendre à
chacun ce qui lui appartient,
un Grand est obligé, sous peine de damnation, ou de s'instruire à fonds de ses devoirs
generaux, ou de renoncer à
sa Grandeur, & à ses emplois.
Il doit sçavoir parfaitement les
maximes de la Religion Chrê-
tienne, qui sont celles qui
doivent suppléer à ce qui man-
que aux Loix humaines, & en
rectifier les défauts.

Il doit sçavoir les Ordonnances, sur tout celles qui regardent les Gouverneurs des Provinces, les Ordonnances militaires, les reglemens, & les privileges des Provinces, & des Villes, sur lesquelles il est préposé ; & il doit préferer cette étude à toutes les autres actions qui auroient plus d'aparence de pieté ; & croire fermement qu'il sera jugé là-dessus, lors qu'il paroîtra devant le tribunal de Dieu ; & que l'ignorance de ces choses ne sera pas une excuse recevable, mais le sujet d'une plus severe condamnation. Il doit sçavoir par lui même l'état

de ſes affaires, rendre juſtice
à ſes créanciers, ne point vexer
ſes debiteurs, reſtituer le bien
d'autrui, s'il s'en trouve chargé; payer exactement les apoin-
temens de ſes domeſtiques,
ne chercher que la juſtice dans
les procès qu'il eſt obligé d'a-
voir, & être auſſi content lors
qu'il les perd, que lors qu'il
les gaigne, parce que ſon bût
n'eſt pas d'avoir du bien à
quelque prix que ce ſoit, mais
de n'avoir que le ſien, n'exi-
ger que les droits qui lui ſont
dûs legitimement. Toutes ces
choſes l'obligent à être pleinement inſtruit des affaires de
ſa maiſon.

XV.

La précipitation eſt le ſecond ennemi qu'il doit combattre ; & c'eſt pour cela qu'il
ne doit pas traiter les affaires
en courant, & par maniere
d'acquit ; mais en faire ſon application principale, moderer
l'activité naturelle de ſon eſprit, qui veut quelquefois
voir la fin d'une affaire plus
vîte qu'il n'eſt poſſible ; ou qui
cherche à remedier à l'ennui,
que les affaires lui donnent,
en les multipliant, paſſant de
l'une à l'autre, & cherchant
par ce moyen un divertiſſe-
ment dans cette varieté, qui
ſupplée en quelque façon à

ceux que cette occupation l'em-
pêche de prendre. Il doit examiner les moindres circonstan-
ces des choses, les entendre,
les lire lui même, & pour ainsi
dire, en faire l'anatomie; chercher en chaque affaire les personnes les plus habiles, & les
plus desinteressées pour se faire
bien instruire par eux, du droit,
& du fait : ne les décider jamais sur le champ, quelques
bonnes qu'elles paroissent; mais
prendre du tems pour les faire communiquer à toutes les
parties.

XVI.

La préoccupation vient de
plusieurs sources. Prémiére-

ment , de la maniére de certains esprits qui se préviennent
aisément , ou par une facilité
naturelle qu'ils ont à recevoir
les impressions des prémiers
qui leur parlent ; ou par un
attachement trop grand , que
leur amour propre leur donne pour leurs prémiéres pensées, dont ils ne reviennent pas
aisément ; ces deux sortes de
préoccupations doivent être
détruites par des remedes fort
contraires. Car cette grande facilité doit être combattuë par
une certaine fermeté de l'esprit
qui le tienne dans une suspen-
sion entiere de jugement, malgré les efforts de ceux qui le
veu-

veulent préoccuper , jufqu'à ce qu'il foit éclairci de la verité par les voyes ordinaires , que les gens fages ont accoûtumé de tenir pour la fçavoir, foit à l'égard du droit qu'on doit fonder fur des principes certains , dont on ne fe départ pas, quand on les a pris avec maturité , foit à l'égard de l'application particuliere de ces principes aux faits , qu'il faut éclaircir par foi-même autant qu'on peut , & non pas fur la foi des autres.

Au contraire , cet attachement à fon fens , étant une extrêmité vitieufe de cette fermeté , qu'on appelle à jufte titre

E

opiniatreté, doit être combat-
tu par une juste & raisonnable défiance de soi-même, par
laquelle on juge, qu'on peut
aisément se tromper; sur tout,
lors qu'on ne s'est pas donné
le tems d'examiner les choses
selon les regles, que les sages
ont établies dans tous les siécles, pour ne se tromper
pas.

XVII.

Les autres sources de la préoccupation sont, l'amour & la
haine; à quoi se raportent aussi
l'inclination, l'aversion, & la
colere. Car par l'une de ces
passions on se persuade, que
celui qu'on aime, n'a jamais

tort ; & cela ferme l'entrée de
l'esprit à toutes les raisons contraires : & par l'autre, on se
persuade, que celui, que l'on
haït, n'a jamais raison. On
doit combattre ces ennemis de
la justice, en travaillant serieu-
sement, & fortement, à se rendre maître de ses passions, en
sorte qu'elles n'ayent aucune
part, ni dans les voyes que l'on
suit, pour s'instruire des affaires, sur lesquelles on doit pro-
noncer ; ni dans le jugement
que l'on doit rendre. C'est
pour cela, qu'il faut éviter
d'en rendre aucun, lors qu'on
se sent encore dans le mou-
vement de quelque passion,

& principalement de la colere.

Il est aisé de voir comment
la paresse est ennemie de la
justice, puisque non seulement
elle est cause de l'ignorance des
devoirs generaux, & des maximes qu'il faut necessairement
sçavoir pour les accomplir,
mais aussi parce qu'elle produit
l'inapplication aux faits particuliers sur lesquels il faut agir,
& que c'est par là qu'un Grand
se reposant absolument des affaires sur ses Ministres, ou sur
ses confidens, est coupable
de toutes les injustices qu'ils
font sous son nom, & par
son autorité, & de toutes cel-

les qui se font, de quelque
maniere que ce soit, qu'il auroit pû empêcher avec un peu
d'application. Delà vient que
les divertissemens d'un Grand,
quoi que non défendus d'ailleurs par la loy de Dieu, sont
presque toûjours des grands
crimes, & de grandes injustices, s'ils l'arrachent à ses devoirs, & qu'ils fassent son occupation principale : en sorte
qu'il ne lui est permis d'en
prendre, qu'autant qu'il en a
precisement besoin, pour empêcher que la nature ne soit
pas accablée sous le poids des
affaires, parce qu'il doit son
tems au public, & qu'il le

lui vole, pour ainsi dire, quand
il le donne à ses plaisirs.

XVIII.

Mais le plus grand de tous
les crimes, est de sacrifier la
justice à son interêt. Il y a
peu de personnes constituées
en quelque dignité, capables
de commettre des injustices
pour de petits interêts ; mais
en verité il y en a tres-peu
aussi, à qui un grand interêt
n'en fasse faire : & l'esprit de
la justice humaine ne surmon-
te guére ces occasions, où il
faut risquer sa fortune, ses
biens, ou sa vie, pour n'ê-
tre pas injuste. Il n'y a que
la justice d'un Chrétien, qui

soit inébranlable dans ces rencontres, & qui puisse resister
à tous les ennemis qui l'attaquent. Comme c'est une participation de la justice de JE-
SUS-CHRIST, elle n'a accep-
tion de personne, elle est perpetuelle dans tous les tems,
dans tous les lieux, à l'égard
de tous, & au peril de tout.

XIX.

C'est pour cela que pour
être veritablement une justice
Chrétienne, elle doit être sou-
tenuë par la Force, qui est
une vertu si necessaire à un
Grand, qu'on peut dire, que
c'est elle qui conserve toutes
les autres; puisque sans la For-

ce , quelque prudent qu'il soit,
il n'executera jamais ce qu'il
aura jugé raisonnable : & quelque juſte qu'il ſoit , il ne ren-
dra jamais la juſtice, s'il trouve de la contradiction à la
pratique de ces deux vertus ;
& nous voyons dans toutes
les hiſtoires, que les Princes
foibles ont fait toutes les in-
juſtices du monde, ſans être
injuſtes ; & qu'ils ont exercé
toutes les cruautez imaginables,
ſans être cruels , ou par la foibleſſe de leur eſprit, lors qu'ils
ſe ſont laiſſez gouverner , ou
par la foibleſſe de leur cœur,
quand leur timidité naturelle,
ou la crainte de quelques pe-

rils les a tellement préoccu-
pez, qu'ils n'ont point trouvé d'autre porte pour s'affran-
chir des dangers imaginaires ou
veritables dont ils se croyoient
menacés, qu'en acquiescant à
ceux qui exigeoient d'eux des
choses injustes, & contre leur
conscience. Ainsi Pilate, par la
crainte du peuple, qui le mena-
çoit de l'indignation de Cesar,
consentit à la mort de JESUS-
CHRIST. * *Si vous delivrez cet
homme, vous n'étes point ami
de Cesar.* C'est dans ces occasions, où l'on doit faire tout,
& hazarder tout, plutôt que

---

* Si hunc dimittis non es amicus Cæsaris.
Joan. 19. *v.* 13.

de ceder à l'iniquité ; & ç'a été la principale vertu des Martyrs, qui sont proprement les braves de l'Evangile, & qui ont souffert non seulement la perte de leur vie, mais des tourmens inconcevables, pour demeurer fermes dans la Foi. Or il n'y a point de parfait Chrétien, s'il n'est dans la disposition de souffrir pour l'observation de la Loi de Dieu dans toutes ses parties, & pour chaque commandement en particulier, tout ce que les Martyrs ont souffert pour la Foi : en sorte qu'un Grand doit hazarder ses biens, sa fortune, ses établissemens, & sa vie même, plutôt que de participer à la moindre injustice, plutôt que d'omettre la moindre partie de ses devoirs, plutôt que de se taire lors qu'il est obligé de parler, plutôt que de parler lors qu'il est obligé de se taire, plutôt que d'agir lors qu'il est obligé de n'agir pas, plutôt que de n'agir pas lors qu'il a obligation d'agir. C'est une leçon bien cachée à la nature corrompuë, que celle-là : ce sont des verités bien au-dessus de la chair & du sang, ce sont des maximes bien contraires à l'amour de soi-même, & qui l'attaquent dans sa racine. L'homme ne trou-

ve point dans soi dequoi soûtenir des épreuves si rudes :
aussi n'est-ce pas dans soi-même qu'il doit chercher son se-
cours : il faut qu'il ait recours,
pour obtenir un si grand don,
à celui qui a voulu être appellé, même dans son enfan-
ce, un Dieu fort, qui, malgré
toutes les infirmités de sa nature, malgré toutes les repu-
gnances de la politique char-
nelle, lui peut donner cette
valeur inébranlable, qui est
le veritable caractere du Chrétien, & qu'on n'est jamais
plus en état d'exercer heroï-
quement, que lors qu'on connoît plus clairement, qu'on

ne la peut avoir de soi - même. C'est pour cela, que ne
s'appuyant point fur ce qu'il
peut par lui même , mais s'a-
bandonnant à l'esprit de force , qui n'est autre que le S.
Esprit même , & difant avec
Foi , * *Je penetrerai les œuvres
merveilleufes de la puiffance de
Dieu* , il éprouve la verité de
ces paroles de l'Apôtre , †*Lors
que je fuis foible , c'est alors que
je fuis fort.*

XX.

La temperance étant une
vertu qui regle l'ufage des fa-

* Introïbo in potentias Domini. *Pfal.* 70.
v. 17.

† Cùm infirmor tunc potens fum. 2. *Cor.*
12. *v.* 10.

tisfactions permiſes , & qui les reduit à une juſte mode-ration , eſt proprement la ver-tu d'un Grand ; puis que ces ſatisfactions étant bannies de la condition des pauvres , qui eſt un état de privation , cet état ne fournit aucune matie-re ſur laquelle la temperance puiſſe étre exercée ; & que ces mêmes ſatisfactions ne ſe trouvant pas abondamment dans les conditions commu-nes , cet état eſt par lui-mê-me un état de temperance , parce qu'il porte en lui cette mediocrité par la neceſſité de ſa condition , que la vertu de temperance embraſſeroit par choix. Ainſi ce ſont proprement les Grands qui ſe trouvant dans l'abondance de toutes ſortes de plaiſirs & de commoditez, ſont obligez d'en retrancher par la vertu de temperance, l'uſage exceſſif & immoderé. C'eſt ce qu'un Grand doit faire fidelement par pluſieurs motifs très-preſſans.

Le premier eſt, que quoi qu'il y ait des plaiſirs permis, l'excès de ces mêmes plaiſirs, que la temperance retranche, eſt toûjours défendu.

Le ſecond eſt, que les ſatisfactions permiſes, & celles qui ſont défenduës, ſont ſi proches les unes des autres, qu'il est moralement impossible de s'abandonner selon toute l'étenduë des unes, sans passer les limites qui les separent, & qui sont presque toûjours imperceptibles.

Le troisiéme est, que la nature même des plaisirs permis, n'est pas ordinairement bien connuë, étant le plus souvent reglée par la cupidité, qui est aveugle, ou par des maximes relachées, qui énervant tout-à-fait la severité de l'Evangile, établissent l'innocence dans des plaisirs qui sont en effet criminels.

XXI.

Mais un Grand qui a le veritable

ritable esprit du Christianisme
doit passer encore bien plus
avant ; puis qu'il est obligé
d'entrer solidement dans l'esprit de pénitence & de mortification.

C'est une erreur d'autant plus
pernicieuse , qu'elle se trouve
presque universellement établie, que la pénitence & la
mortification ne font que pour
les personnes renfermées dans
les Cloîtres ; que les Grands &
ceux qui vivent dans le com-
merce du monde, ne les doivent
regarder que comme des choses de conseil & de plus grande
perfection , & qu'ils peuvent
faire leur salut par des moyens

moins difficiles & plus doux. Cette damnable maxime n'est pas seulement dans le cœur des gens du monde, elle est aussi dans l'esprit d'une infinité de Confesseurs & de Casuites, auxquels on peut appliquer les paroles que JESUS-CHRIST a dit des Pharisiens.† *Ce sont des aveugles qui conduisent des aveugles.*

Il est vrai que ces Docteurs ne traitent pas tout-à-fait la pénitence & la mortification de la même sorte : car ils avoüent & protestent hautement qu'on ne se peut sauver

---

† Cæci sunt & duces cæcorum. *Matth.* 15. *v.* 14.

saus la premiere : mais ils ne lui conservent que son nom; & ce qu'ils substituent en sa place, n'est point la péniten- ce commandée par JESUS- CHRIST, authorisée par son exemple; ordonnée par son Eglise, & pratiquée par tous ceux qui ont un desir sincere de leur salut, & qui ne veu- lent point être flattez dans la recherche des veritables moyens pour y parvenir, comme les eaux qui font aujourd'hui les rivieres, ne font plus les mê- mes qui les faisoient il y a cent ans, encore qu'elles con- servent le même nom. Pour la mortification, ils la rele-

guent & l'enferment abſolu-
ment dans les Monaſteres ; ou
tout au plus, ils ne la regardent, que comme une vertu
qu'il eſt au choix de chaque
Chrétien, de laiſſer, ou de prendre ; élargiſſant ainſi par une
funeſte condeſcendance le chemin que JESUS-CHRIST nous
a montré comme un chemin
étroit, âpre, rude & difficile. C'eſt cette erreur qu'un
Grand doit deteſter de tout ſon
cœur, qu'il doit regarder comme l'écueil de tous ſes bons
deſirs, & qu'il doit détruire
dans ſon eſprit par l'établiſſement des veritez contraires ap-
puyées ſur les fondemens in-
conteſtables.

L'homme ne peut se considerer depuis le peché d'Adam qu'en trois sortes d'états; ou chargé des obligations originelles qu'il a contractées avec le peché par sa naissance; ou dans l'état de l'innocence de son Batême; ou après la perte de cette innocence. Or il est certain, que dans tous ces états il est obligé à la pénitence, & à toutes les suites de la pénitence.

Dans le premier état il est compris dans cette condamnation generale du genre humain, que Dieu prononça à Adam, & en sa personne, à toute sa posterité: *Tu mangeras*

* *ton pain à la sueur de ton vi-sage.* Il contracte par-là un tel engagement au travail & à la peine, que les œuvres labo-rieuses lui deviennent même necessaires, pour acquerir un veritable droit sur les choses, sans lesquelles il ne pourroit conserver sa vie. Ces paroles sont la proscription de l'oisi-veté, qui est un des appana-ges de la Grandeur, parce que pour l'ordinaire un Grand fuit la peine, & comme il lui est aisé de s'en exempter en se dé-chargeant sur les autres, il en croit les moyens legitimes,

* In sudore vultus tui vesceris pane tuo. *Genes.* 3. v. 19.

parce qu'ils lui font faciles.

Dans le second état, qui est celui de l'innocence, reçûë dans le Batême, il est encore obligé à la pénitence; parce que comme Chrétien il doit être conforme à JESUS - CHRIST. † *Ceux qu'il a connus dans sa prescience, il les a aussi prédestinez pour être conformes à l'image de son Fils.* Or JESUS-CHRIST a mené une vie très-laborieuse sur la terre, & ainsi un Grand ne peut esperer cette part au Royaume de JESUS-CHRIST, qui ne s'aquiert que par la conformité qu'on a avec

† Quos præscivit & prædestinavit conformes fieri imagini Filii sui *Rom.* 8. *v.* 29.

lui ; lors que suivant les vices de son état, il mene une vie molle & relachée. * *Qu'un Chrétien* (dit saint Bernard) *aye honte de rechercher la delicatesse, étant membre d'un Chef couronné d'épines.*

Mais le troisiéme état, qui est celui de l'innocence, perduë après le Batême, est un état si essentiellement de pénitence, qu'outre la vertu, qui porte ce nom, & dont la pratique devient necessaire, JESUS-CHRIST a institué dans son Eglise tout exprès pour

_____

* Pudeat sub spinato capite membrum fieri delicatum. *S. Ber. serm.* 5. *In Festo omnium sanctorum.*

la reconciliation des pêcheurs
un Sacrement auquel elle donne ce nom qui ne consiste pas
seulement, comme quelques
uns se l'imaginent, dans le de-
nombrement qu'on fait de ses
crimes à un Prêtre, accom-
pagné de quelque douleur de
les avoir commis, qui souvent
ou n'est pas veritable, ou est
tellement superficielle, qu'elle n'a pas la force d'empêcher les rechutes.

La douleur de la veritable
pénitence, est plus solide :
elle opere un sincere retour vers
Dieu, une solide conversion
des mœurs, une vengeance
contre soi-même, proportion-

née à la grandeur de ses fautes : si elle n'a ces marques,
ce n'est qu'une pénitence far-
dée. Saint Paul nous décrit
sa nature & ses effets en cette
maniere. *La tristesse, qui est,
selon Dieu, produit pour le salut,
une penitence solide... Cela se
voit par cette même tristesse, selon Dieu, que vous avez res-
sentie. Car combien a-t'elle causé
en vous, non-seulement de soins
& de vigilance.... mais d'indignation contre les coupables ; mais
de crainte de la colere de Dieu;
mais de desirs de nous revoir ;

* Quæ enim secundum Deum tristitia est,
pœnitentiam in salutem stabilem operatur...
Ecce enim hoc ipsum, secundum Deum con-
tristari vos, quantam in vobis operatur solli-

mais de zele pour nous défendre ;
mais d'ardeur à vanger les cri-
mes ?

Et le saint Concile de Trente , qui appelle le Sacrement
de Pénitence , un Batême labo-
rieux , assure que nous ne sau-
rions revenir par ce Sacrement
à l'état de la grace , duquel
nos pechez nous ont fait dé-
choir , sans de grands travaux,
& sans beaucoup de larmes.
Que si la mort trop prompte,
où les grandes infirmitez empê-
chent l'execution de ces grandes satisfactions ; cela ne fait
pas , qu'il ne soit de l'essence

citudinem. . . sed indignationem, sed timorem,
sed desiderium, sed æmulationem , sed vin-
dictam ? 2. *Cor.* 7. *vers.* 10. *&* 11.

de la pénitence , de les vouloir sincerement , & efficace-
ment ; en sorte que si leur execution en est empéchée , ce
soit par des causes tout-à-fait
hors du pouvoir de l'homme,
& non pas par la mediocrité,
& par la tiedeur de son repen-
tir.

XXII.

Mais outre qu'un Grand ,
comme homme, comme Chré-
tien , & comme pêcheur , est
obligé à mener une vie dure
& penitente ; il est encore obligé , comme Grand, à la mortification de son esprit, de son
cœur, & de ses sens ; & il y
est même obligé , autant , &

plus étroitement, que les personnes Religieuses, s'il veut as-
surer son salut en quelque sorte. Pour bien entendre cette
verité, il faut la prendre dés
sa source. Dieu avoit créé le
premier homme dans un état
de justice, & de droiture ; il
lui avoit soumis toutes choses,
& dans lui-même, & hors
de lui ; en sorte qu'il ne trou-
voit aucune créature, dont l'u-
sage ne le portât à Dieu, &
ne contribuât à l'augmentation
de son merite, & de sa sainteté : mais comme l'homme,
par sa desobeïssance, a voulu
secoüer le joug de la subordi-
nation, & de la dépendance

qu'il devoit avoir de son Créa-
teur , & qu'en acquiesçant au
conseil du Serpent , qui dit à
la femme , * *Vous serez comme des Dieux*, il a voulu en
quelque sorte imiter l'Ange
rebelle , & se rendre sembla-
ble au Très-Haut : Dieu a permis , que non-seulement toutes les autres Créatures , qui lui
étoient auparavant des aides
pour son salut , lui soient de-
venuës des pieges très-dange-
reux : mais que sa propre chair
se soit revoltée contre son esprit ; ensorte qu'il a eu besoin ,
que Dieu établit pour sa ré-
paration , un ordre tout op-

* Eritis sicut Dii. *Genes.* 3. *v.* 5.

posé à celui qu'il avoit établi
pour le sauver dans l'état d'innocence : & c'est pour cela,
que Dieu a substitué à cet ordre de possession, d'usage, &
de calme, un ordre de privation, d'abnegation, & de combat. Nul homme ne peut plus
se sauver, que par cette voye;
mais avec cette difference, que
tous ne font pas obligez au
délaissement actuel de toutes
choses, quoi que tous foient
obligez à y renoncer de cœur,
& à en user comme n'en usant
pas.

Il est indubitable qu'il est
incomparablement plus aisé de
porter cet état de privation,

par une fuite volontaire , en
éloignant pour toûjours de foi
les objets qui portent au mal ,
ce que font les perfonnes re-
ligieufes , que d'être continuel-
lement au milieu de fes ennemis : d'être , pour ainfi dire ,
prefque toûjours en état d'être
accablé par leur nombre : de
porter un corps , qui fe range
toûjours de leur côté : & de
vivre toûjours dans le commer-
ce de ceux qui font gloire de
ceder à leur pouvoir , & à leur
force. Or comment peut-on
comprendre qu'un Grand puiffe ne pas fuccomber à tant
d'occafions , s'il ne foumet ,
par une mortification conti-

nuelle ,

huelle, l'orgueil de son esprit
à l'humilité de la Foi ; s'il n'é-
touffe les desirs déreglés de son
cœur ;   & s'il n'assujettit son
corps sous la Loi sainte de l'esprit, comme saint Paul , qui
avec toute la plenitude d'une
grace Apostolique , ne trouva
point d'autre moyen , pour se
mettre en seureté ? Peut - on
croire, sans se vouloir tromper
soi-même , qu'il y ait un autre chemin que celui d'une
mortification constante , pour
resister à tout ce qui vient at-
taquer un Grand , & qu'il ne
soit obligé à la pratiquer avec
d'autant plus de ferveur , qu'il
est plus exposé par son éleva-

tion ? S'il veut appartenir à
Jesus-Christ, il doit cruci-
fier sa chair avec lui. * *Ceux
qui appartiennent à Jesus-
Christ, ont crucifié leur Chair
avec ses Passions, & ses desirs
déreglez.* Or comment pour-
roit-on jamais espérer de la
vaincre, si on lui laissoit prendre toutes ses forces, & si la
regardant avec raison comme
son plus cruel ennemi, on ne
songeoit à l'affoiblir aussi véritablement, & aussi soigneuse-
ment, qu'un General d'armée
songe à diminuer les forces des
siens ?

* Qui sunt Christi carnem suam cru-
cifixerunt cum vitiis & concupiscentiis suis,
Galat. 5. vers. 24.

XXIII.

Les victoires que l'on rem-
porte sur de si grands, & de
si redoutables ennemis, ne fi-
nissent pas la guerre, qu'il faut
soutenir pendant tout le cours
de sa vie; un plus dangereux
adversaire s'éleve contre l'homme, & principalement con-
tre l'homme, qui est dans l'é-
lévation & dans la grandeur.
Il naît de la destruction de tous
les vices; il se nourrit de la plus
rigoureuse pénitence; & il ac-
quiert toute sa force au milieu de la vertu la plus consommée. C'est cette passion,
que l'Apôtre saint Jean appelle

† *l'orgueil de la vie*, qui dit à l'homme dans le fonds de son cœur, après qu'il a triomphé de toutes ses passions : Pourquoi triomphes-tu ? Je vis encore, & je vis, parce que tu triomphes. C'est lui qui s'approprie toutes les vertus, & toutes les bonnes œuvres, qui les arrache à Dieu, pour s'en faire le pere & le principe, & pour les empoisonner en même-tems. * *L'orgueil* (dit saint Augustin) *dresse même des pieges aux bonnes œuvres pour les faire perir.* C'est cet orgueil,

† *Joan.* 2. *vers.* 16.

* Superbia etiam bonis operibus insidiatur ut pereant. *Epist.* 109.

qui veut faire dépendre toutes
choses de soi, & qui ne veut
dépendre de rien ; qui ôteroit
à Dieu, s'il lui étoit possible,
la souveraine Puissance qu'il a
sur tous les Etres ; qui demande les Sacrifices de toutes les
Créatures, & qui est si fin, si
délicat, & si imperceptible
dans un Grand, qu'il est l'a-
me de toutes ses actions, &
de tous ses mouvemens, sans
qu'il s'en apperçoive. C'est lui
qui allume les plus sanglantes
guerres, & qui sacrifie la vie
d'un million d'hommes au
moindre de ses interêts, sous
des prétextes spécieux. C'est
lui qui appauvrit les Provinces,

& les Royaumes, pour se satisfaire ; qui se plait à voir les
hommes à ses pieds ; c'est lui
enfin qui rapporte tout à soi,
& qui croit toutes les Créatures dans leur usage le plus lé-
gitime, lors qu'elles sont détruites à son honneur, & à sa
gloire ; s'établissant, pour ainsi
dire, un culte, dont il se croit
digne ; & demandant dans ceux
qu'il se soumet, des respects,
qui vont presqu'à la Religion.
C'est cet orgueil qui a ruïné
le premier Ange ; c'est ce desir
d'indépendance, qui a perdu
toute la nature humaine avec
nos premiers parens ; & c'est
lui-même, qui exerce encore

sur les Grands un empire tiran-
nique, & qui se sert tous les
jours de leurs plus grandes
qualitez pour les perdre. Il
n'y a que la connoissance de
la verité qui soit capable d'é-
touffer ce monstre ; car l'humilité Chrétienne n'est autre
chose qu'un sentiment juste &
raisonnable qui suit la connoissance de la verité : l'homme éclairé de cette lumiere
sainte, connoissant la grandeur
de Dieu, & voyant en mê-
me-tems son néant souhaite
de se tenir dans la place qui
lui est duë, & bien loin d'af-
fecter l'indépendance, il sou-
haiteroit d'être soumis à tou-

tes les créatures pour vanger Dieu en quelque maniere de la rebellion à laquelle son orgueil l'a porté contre lui : Il se regarde même dans la sainteté la plus consommée comme une source de mal qui ruïneroit tout l'ouvrage de Dieu, si la grace ne triomphoit de sa malice. Il envisage toutes les grandeurs humaines dès le moment qu'elles ne servent plus à l'usage pour lequel Dieu les a établies, comme les trophées de la vanité qui s'évanoüissent avec elle, & qui ne resistent jamais au tems, à la mauvaise fortune & à la mort. De sorte que l'humilité n'est autre chofe qu'un fincere & raifonnable acquiefcement à la verité connuë, une juftice qu'on fe rend à foi-même, en fe mettant à fa place; & une vengeance qu'on exerce contre foi, en fe ravalant même au deflous de toutes les autres creatures, pour reparer autant qu'on le peut l'injure qu'on a faite à Dieu en affectant l'indépendance. Ces fentimens doivent être finceres, folides, & durables dans le cœur d'un Grand, s'il veut que fa grandeur ne l'entraîne pas dans l'abîme, & quelque vertu qu'il ait acquife d'ailleurs, c'eft un tréfor qu'il poffede dans des vaiffeaux

de terre, qu'il ne conservera jamais qu'en reconnoiſſant avec
une profonde humilité que c'eſt
Dieu même qui peut ſeul être
le Gardien & le conſervateur
de ſes dons. * *Nous portons
(dit ſaint Paul) ce treſor dans
des vazes de terre, pour nous
faire connoître que ce qu'il y a
de grand & de fort en nous vient
de Dieu, & non pas de nous.*
Que ſi les humiliations exte-
rieures ne ſont pas toûjours
bonnes à un Grand, parce
que le ſervice qu'il doit rendre à Dieu dans ſon état ne
le permet pas, il doit même

---

* Habemus theſaurum iſtum in vaſis ficti-
libus : ut ſublimitas ſit virtutis Dei , & non
ex nobis. 2. Cor. 4. verſ. 7.

lors qu'il n'en use pas par son
choix être préparé à recevoir
avec joie, toutes celles qui lui
peuvent venir par le choix
de Dieu ; entrer dans les dis-
positions du saint homme Job,
s'abandonnant entre les mains
de Dieu pour disposer de son
honneur, comme de ses biens
& de ses dignitez ; y joindre
un esprit veritable de religion
& de culte interieur & exte-
rieur, non seulement en lui-
même, mais à l'égard de toutes les personnes qui lui sont
soumises ; mépriser la terre qui
n'est qu'un lieu d'exil pour
les Chrétiens, soupirer après
l'avenement du regne de JE-

sus-Christ, & graver dans son cœur profondement ces paroles, qui seules doivent regler toutes les actions de sa vie : † *Craignez Dieu & observez ses Commandemens.* En cela seul consiste toute la perfection de l'homme, parce que toutes choses passent, & qu'il n'y a que Dieu & sa verité qui demeurent éternellement.

† Deum time & mandata ejus observa. Hoc est enim omnis homo. *Ecclef.* 12. *v.* 13.

TESTAMENT

DE
MONSEIGNEUR
LE PRINCE
DE
CONTY.

A PARIS,

M. D. C. C. XVII.

Avec Privilege du Roi.

TOUTES les personnes de vertu, qui ont vû le Testament de Monseigneur le Prince de Conty, l'ont trouvé si plein de pieté que l'on a cru qu'il étoit de l'interêt public de l'exposer aux yeux de tout le monde ; afin que non seulement les Grands, mais encore les particuliers pussent profiter d'un si illustre exemple. L'emploi qu'il veut que l'on fasse de ses biens après sa mort, comme il avoit fait pendant sa vie pour le dedommagement des peuples qui avoient souffert la violence de la guerre civile, est une preuve si solide de l'attachement & de la fidelité inviolable que tous les sujets du Roi sont obli-

gez d'avoir au service de sa Ma-
jesté, qu'il y auroit une espece
de prevarication à supprimer cette piece : de sorte qu'encore qu'en
la rendant publique on laisse à
la posterité des marques de la
faute de ce grand Prince, la penitence continuelle & très-severe
qu'il en a fait dix ans devant sa
mort, & cette derniere satisfac-
tion qu'il a ordonné par son Testament, la reparent si pleinement,
qu'il est difficile de juger si la
France eût été plus édifiée d'une
vie de trente-sept ans continuée
uniment dans l'innocence, qu'elle
ne le doit être du courage & de
la force, que ce Prince a fait
paroître dans son humiliation volontaire.   TES-

TESTAMENT,

DE

MONSEIGNEUR

LE PRINCE

DE CONTY.

UJOURD'HUI vingt-quatre Mai 1664. moi Armand de Bourbon Prin-ce de Conty, étant à Paris dans ma maison,

H

sain de corps & d'esprit, &
ne voulant pas être surpris de
la mort sans avoir fait la dif-
position de mes dernieres vo-
lontez, j'ai fait le present Tef-
tament.

Premierement, après avoir
recommandé mon ame à la
sainte Trinité par les merites
infinis de JESUS-CHRIST Nôtre Seigneur, & par l'inter-
cession de la très-sainte Vier-
ge, de saint Joseph, de mon
bon Ange, de S. Loüis, de
sainte Therese, & de tous les
Saints & Saintes. Je declare
que je suis dans la Commu-
nion de la sainte Eglise Ca-

tholique, Apostolique & Romaine, hors laquelle il n'y a
point de salut. Je desire que
mon corps soit enterré au lieu
où ma femme ordonnera, &
je défens absolument que l'on
fasse aucunes ceremonies ni
fraie funeraires, que ceux qui
seront d'une absoluë necessité;
les autres étant absolument
éloignez de l'esprit du Christianisme, & les dépenses de
telle nature étant un superflu
que l'on ôte aux pauvres : de
quoi je charge la conscience
de ceux qui executeront mon
Testament.

Je veux qu'il soit incessa-

ment procedé à l'execution des
conventions matrimoniales de
ma Femme, & au payement de
mes autres dettes ; & afin qu'elles ſoient plus promptement
acquitées, je prie mes Executeurs de vendre du fonds de
ma ſucceſſion juſques à la con-
curence d'icelles, & de regarder cette obligation comme
un point de conſcience.

Je veux que l'on paye à
tous mes domeſtiques les ga-
ges & penſions qui ſe trouveront leur être dûs au tems
de mon decès, même de l'année en laquelle mon decès
arrivera, encore qu'elle ne
fût pas finie.

Je donne à mes Valets de pié à chacun quatre cens livres une fois payées pour les mettre en métier, & autant au garçon de ma Chambre.

J'ai un très grand regret d'avoir été assez malheureux pour me trouver en ma jeunesse dans une guerre contre mon devoir, pendant laquelle j'ai toleré, ordonné & autorisé des violences, & des desordres innombrables : & quoi que le Roi ait eu la bonté d'oublier ce manquement, je suis demeuré toutefois devant Dieu, solidairement redevable envers les Communau-

tez & les patticuliers, qui ont
ſouffert pendant ce tems, ſoit
en Guienne, Xaintonge, Berri, la Marche; ſoit en Champagne & au voiſinage deDamp-
villiers : ſur quoi j'ai fait reſtituer en Guienne & en Berri
quelques ſommes, dont le Sieur
Jaſſe mon Treſorier a une particuliere connoiſſance ; & j'ai
ſouhaité avec beaucoup de paſ-
ſion, de pouvoir vendre tout
mon bien pour ſatisfaire plus
largement, mais m'étant ſoû-
mis ſur cela à pluſieurs Prelats
& Docteurs très-ſçavans & très
pieux, ils ont jugé que je
n'étois pas obligé de me redui-

re à une vie privée, mais que je devois servir Dieu dans ma condition ; dans laquelle toutefois j'ai retranché autant que j'ai pû toutes les dépenses de ma maison, afin de restituer pendant ma vie, chaque année, ce que je pourrois épargner de mes revenus.

Et je charge mes héritiers ci-après nommez, de faire la même chose, jusqu'à ce que les dommages que j'ai causez soient entiérement réparez, suivant les memoires qui se trouveront entre les mains du Sieur Jasse, ou dans mes papiers. A cette fin je prie mes execu-

teurs Teſtamentaires , & la
Tutrice de mes Enfans, de re-
duire & moderer autant que
faire ſe pourra la dépence de
meſdits Enfans , afin de con-
tinuer chaque année leſdites
reſtitutions , conformement
auxdits memoires.

Et s'il arrive que meſdits
héritiers, & leurs deſcendans,
ayent d'autres biens pour ſub-
ſiſter honnêtement , ſoit par
des bien-faits du Roi, ou autrement, je veux & ordonne
qu'ils vendent tous les biens
provenans de ma ſucceſſion ,
& qu'ils en faſſent diſtribuer
le prix dans les Provinces &

lieux qui ont souffert en con-
sequence desdites guerres, suivant l'ordre contenu dans lesdits memoires, si ce n'est que
lesdits lieux, ou personnes
eussent déja été suffisamment
dédommagez, ou par moi, ou
par d'autres.

Que si mes Enfans étoient
décedez sans Enfans, en sorte
que ma lignée fût éteinte,
j'entens pareillement, que
mesdits biens soient vendus,
pour être generalement em-
ployez auxdites restitutions,
mes héritiers collateraux ayant
suffisamment du bien d'ailleurs.

Je deſire que les memoires, qui ſe trouveront écrits ou ſignez de ma main, des affaires où j'aurai douté, s'il y a obligation de conſcience, pour reſtiturion ou autrement, ſoient examinez à la rigueur avec beaucoup de ſoin : de quoi je prie mes executeurs.

S'il ſe trouve auſſi par des memoires écrits ou ſignez de ma main, que j'ai moi-même verifié & reconnu être obligé à quelque reſtitution, ou autre ſatisfaction, je deſire qu'ils ſoient executez comme ſi chaque choſe contenuë en iceux étoit expreſſement

ordonnée par le preſent Teſtament.

Je recommande à ma Fem-
me la bonne éducation de mes
Enfans, & je veux que leſdits
Enfans, que j'aurai vivans lors
de mon decès, ſoient mes héritiers pour partager entr'eux
tous mes biens ſuivant les coû-
tumes des lieux de leur ſitua-
tion, le tout aux charges ci-
devant mentionnées.

Je ſçai que toutes Tutelles
ſont datives en ce Royaume, &
particulierement dans le reſſort
du Parlement de Paris, mais
je ſçai auſſi que la juſtice a
toûjours eu égard aux nomi-

nations qui ont été faites par
les peres, de ceux, qu'ils ont
crû pouvoir administrer les
biens de leurs Enfans avec affection ; c'est pourquoi, je
supplie Messieurs du Parlement,
& Messieurs mes Parens, que
mon decès avenant avant celui de ma Femme, ils trouvent bon, qu'elle soit, &
demeure Tutrice de nos Enfans, tant qu'ils seront en mi-
norité.

Je prie ma Femme, Mada-
me la Duchesse de Longuevil-
le ma sœur, & Monsieur de
Lamoignon premier President
au Parlement de Paris, d'être

les Executeurs du preſent Teſ-
tament : à cette fin , je veux
que du jour de mon decès ils
ſoient ſaiſis de tous mes biens
juſqu'à l'entiere execution d'i-
celui ; & pour vaquer à ladite
execution ſous leurs ordres , je
nomme & choiſis le Sieur Jaſſe mon Tréſorier , & je prie
ma Femme de ſe ſervir de lui
dans les affaires de mes Enfans,
l'ayant éprouvé homme de
probité , & d'une fidelité peu
commune.

Et ayant lû & relû le preſent Teſtament , je perſiſte à
vouloir les choſes ainſi qu'elles
y ſont contenuës en deux pa-

ges entieres, & la troisiéme,
qui est presque remplie, écri-
tes & signez de ma propre
main au bas de chaque page.
FAIT à PARIS le 24. Mai
1664.

Signé,

ARMAND DE BOURBON

Ordre que je desire être gardé dans les restitutions que je suis obligé de faire en Guienne, Xaintonge, la Marche, Berry, Champagne, & Dampvilliers, &c.

EN premier lieu, les foules & les dommages, qui ont été faits par mes ordres, ou par mes troupes, doivent être réparez préferablement, comme étant de mon fait.

En second lieu, je suis responsable solidairement de tous les maux que les desordres ge-

neraux de la guerre ont causez , encore qu'ils ayent été
faits sans ma participation ,
après toutefois que j'aurai satis-
fait aux premiers.

Je ne dois aucun dédomm-
magement à ceux qui ont été
de nôtre parti , si ce n'est qu'ils
fassent voir que je les y ait
induits & recherchez , & même en ce cas il seroit juste de
restituer : Prémierement aux
innocens , qui n'ont eu aucune part à mes manquemens ,
auparavant qu'on peut rien
donner aux autres qui ont été
nos complices.

Pour garder la justice distri-
butive ,

butive, je defire que mes ref-
titutions fe faffent de telle maniere, qu'elles fe repandent
par tout, afin qu'il n'arrive
pas, qu'entre plufieurs qui ont
fouffert, les uns foient fa-
tisfaits, & les autres n'ayent
rien.

Mais comme je n'ai pas af-
fez de bien pour reftituer, en
même tems, à toutes les Communautez, & à tous les particuliers qui ont fouffert, je defire qu'on commence par les
lieux dont les ruïnes ont été
plus grandes & publiques,
comme des Villes qui ont été
affiegées & pillées, ou qui

ont été affligées de quelque
incendie & démolition conſi-
derable.

Après cela, je veux que
chaque année on prenne toute une élection, commençant
par la plus pauvre, & qu'on
répande le fonds qu'on aura,
au ſol la livre, ſur tous les
Corps, & les particuliers de
cette élection, qui auront ſouffert ; en reſtituant aux uns
plus, aux autres moins ; ſuivant que les pertes auront été
plus grandes, ou plus petites,
avec toute la juſtice & égalité
poſſible.

On pourra néanmoins reſtituer un peu plus largement aux Corps, & aux particuliers qu'on trouvera plus accablez de necessité, & dans des besoins plus pressans.

Ceux qui seront commis, pour distribuer le fonds de mes restitutions, pourront choisir dans une Paroisse un certain nombre de ceux qui auront été plus foulez, & qui se trouveront plus pauvres, & payer la taille à leur décharge, afin de les délivrer de la persecution des Sergens, prenant pour cela les voyes les plus secrettes, & laissant aux autres plus accommodez, la disposition du

peu qui leur competera au ſol
la livre.

Et comme en gardant cet
ordre, on ne pourra pas reſtituer à un chacun tout ce qu'il
aura perdu ; il faudra y revenir après qu'on aura ſuivi toutes les élections, & recom-
mencer le tour juſques à ce
que l'on ait pleinement ſatis-
fait : ſi ce n'eſt que le cas arrive, auquel j'ai ordonné, que
tous mes biens ſoient vendus,
pour être le prix d'iceux employé auxdites reſtitutions, car
en ce cas, il faudroit le diſtribuer, en même-tems, dans
toutes les Provinces, & toutes

les élections, aux unes plus,
& aux autres moins, eu égard
à leurs pertes, & à leur pau-
vreté, & tenir la main à ce
que le fonds, qui seroit ordonné à chaque élection, fût
distribué dans l'étenduë d'icel-
le à toutes les Communautez,
& à tous les particuliers, suivant l'ordre & les Regles contenuës dans le present memoire.

Signé,

ARMAND DE BOURBON

Memoire des choſes que je deſire être examinées, & acquitées par les executeurs de mon Teſ-tament, en cas qu'elles ne ſe trouvent l'avoir été aupara-vant ma mort.

JE reconnois être obligé en conſcience, de payer à la décharge de la Commu-nauté de Pezenas la taille des biens roturiers que je poſſede à la Grange, ſuivant l'arrêt qui interviendra ſur la queſtion de la nobilité ; & je deſire que tout ce que la Communauté a payé de la taille, que leſdits

biens roturiers doivent porter,
suivant ledit Arrêt qui interviendra en la Cour des Aydes
de Montpellier , où la cause
est pendante , soit restitué à
ladite Communauté , à comp-
ter du jour de l'acquisition desdits biens , faite par mes pre-
decesseurs , sans qu'on puisse
alleguer la prescription en ma
faveur , qui ne doit point avoir
lieu dans le fort interieur pour
un Seigneur contre ses vassaux,
qui , selon les apparences ,
n'ont pas eu la liberté necessaire pour oser faire les choses
qui eussent empêché ladite
prescription.

2. La veuve & les héritiers de Dubac, Juge de Baignols, prétendent que je leur ait fait tort, en ce que j'ai refufé mon agréement pendant plufieurs années à ceux qui ont voulu traiter de cette charge, ce que je réconnois avoir fait pendant un tems, pour favorifer celui qui étoit Viguier en ce tems-là : je defire que la chofe foit examinée & jugée en la confcience des Docteurs habiles & point relâchez, & qu'elle foit enfuite réparée.

3. Je defire qu'on examine, fi je fuis obligé de reftituer,

une dépenſe exceſſive qui fut faite à Baignols lors que j'y allai la prémiere fois en l'année 1653.

4. En cas que le Préſidial de Rhodez ne ſoit pas ſupprimé, celui de Ville-franche prétend que je lui doive reſtituer la ſomme de trente mil livres, faiſant partie de la finance accordée au Roi, pour la ſuppreſſion du Préſidial de Rhodez : il faudra auſſi examiner cette affaire, & ſi je ſuis obligé à la reſtitution, je prie mes Executeurs d'y ſatisfaire à la décharge de ma conſcience.

Si lors de mon decès Monsieur l'Evêque d'Alet est encore en vie, je prie mes Executeurs de le consulter sur les points de conscience qui regardent l'execution desdits memoires, & de tous les autres que je pourrois laisser ci-après; & s'il est mort, je les prie de prendre ceux qui seront les plus habiles d'entre les Docteurs, & qui auront reputation de suivre des maximes plus étroites. Fait à Paris ce dixhuitiéme May. 1664.

Signé,

ARMAND DE BOURBON

Et au deſſous étoit écrit.

Il y a de plus un Marchand de Tholoze appellé Rougieri, à qui en l'année 1651. on prit cinq cens Ecus à Montrond, lorſque j'y étois au commencement des guerres civiles, il les lui faut reſtituer, ſi cela n'a été fait avant mon decès.

Signé,

ARMAND DE BOURBON.